Les forces, c'est quoi?

Adrienne Mason
Illustrations de **Claudia Dávila**

Texte français de Marie-Josée Brière

Éditions
SCHOLASTIC

Conception graphique : Julia Naimska
Conseillère : Jean Bullard

Édition publiée par les Éditions Scholastic, 175 Hillmount Road, Markham (Ontario) L6C 1Z7, avec la permission de Kids Can Press Ltd.

5 4 3 2 1   Imprimé et relié en Chine   05 06 07 08

Catalogage avant publication de Bibliothèque et Archives Canada

Mason, Adrienne
Les forces, c'est quoi? / Adrienne Mason; illustrations de Claudia Dávila; texte français de Marie-Josée Brière.

(Explique-moi les sciences)
Traduction de : Move It!
Pour les 6-8 ans.
Comprend un index.
ISBN 0-439-95307-3

1. Mouvement--Ouvrages pour la jeunesse. 2. Force et énergie--Ouvrages pour la jeunesse. I. Dávila, Claudia II. Brière, Marie-Josée III. Titre. IV. Collection.

QC133.5.M38314 2005   j531'.11   C2005-901235-8

Table des matières

Je tire, tu pousses

Pour déplacer les objets, tu tires ou tu pousses. Quand tu les pousses, ils s'éloignent. Quand tu les tires, ils se rapprochent. Dans les deux cas, tu exerces une force.

J'ai appliqué une force en tirant pour sortir mon dîner du sol.

En mouvement

Tu exerces aussi une force pour bouger ton corps. Quand tu marches, tu pousses contre le sol. C'est la même chose quand tu déplaces des objets, par exemple quand tu tires une voiturette.

Ces enfants exercent tous une force pour bouger ou pour déplacer des objets. Peux-tu en trouver cinq exemples?

Pousse fort!

Il faut de la force pour déplacer des objets. Est-ce qu'il en faut plus pour des objets plus lourds? Essaie pour voir.

Ce qu'il te faut :

- 3 contenants identiques en plastique opaque, avec un couvercle
- des cailloux ou des billes
- des pâtes non cuites (macaronis ou autres)
- du papier froissé

Ce qu'il faut faire :

1 Remplis un des contenants de cailloux ou de billes, un autre de nouilles, et le dernier de papier.

2 Mets les couvercles. Demande à quelqu'un de mêler les contenants pour que tu ne saches plus ce que chacun contient.

3 Pousse chaque contenant sur la table. Lequel te demande le plus de force (la plus grosse poussée)? Qu'est-ce qu'il contient, à ton avis? Lequel exige le moins de force (la plus petite poussée)? Et qu'est-ce qu'il contient, à ton avis? Enlève les couvercles pour voir si tu as deviné juste.

Qu'est-ce qui se passe?

Il faut plus de force (une plus grosse poussée) pour déplacer les objets plus lourds, comme les cailloux. Il faut moins de force (une plus petite poussée) pour les objets plus légers.

Il faut beaucoup de force pour me pousser.

Ça bouge

Les objets ne bougent pas à moins d'être poussés ou tirés. Quand tu soulèves un objet, tu le tires vers le haut. Quand tu lances un objet, tu le pousses.

Ces enfants tirent ou poussent des objets pour les faire bouger. Peux-tu en trouver cinq exemples?

Plus loin!

Pour lancer une balle au loin, tu dois appliquer beaucoup de force (une grosse poussée). Pour la lancer plus près, tu as besoin de moins de force.

Plus tu exerces de force pour déplacer un objet, plus il va parcourir une grande distance.

Plus vite!

Est-ce qu'une force plus grande fait bouger les choses plus vite? À toi de le vérifier.

Ce qu'il te faut :

- une balle de ping-pong
- une paille

Ce qu'il faut faire :

1 Dépose la balle de ping-pong sur la table.

2 Fais avancer la balle en soufflant dans la paille.

3 Souffle doucement. Qu'est-ce qui se passe? Souffle plus fort. Est-ce que la balle va plus vite ou plus lentement?

4 Fais une course avec un ami pour voir lequel de vous deux peut faire avancer sa balle le plus vite.

Qu'est-ce qui se passe?

Quand tu appliques une petite force (en soufflant doucement), la balle avance lentement. Quand tu exerces une force plus grande (en soufflant plus fort), elle va plus vite.

> *Plus j'applique de force pour pousser contre l'eau, plus je me déplace vite.*

En ligne droite?

Quand tu donnes un coup de pied sur un ballon, il se déplace en ligne droite… sauf si tu l'as frappé de côté.

Tous les objets bougent en ligne droite, à moins d'être poussés ou tirés dans une autre direction. Quand tu donnes un coup de pied sur le ballon, tu exerces une force avec ton pied.

Je volais en ligne droite jusqu'à ce qu'un coup de vent me pousse dans une autre direction.

On arrête tout!

Il faut exercer une force pour arrêter un objet en mouvement. Pour arrêter un ballon, tu le pousses dans la direction opposée.

Plus l'objet bouge vite, plus il faut de force pour l'arrêter.

De haut en bas

Si tu lances un objet dans les airs, il va retomber. Il est attiré par une force appelée « gravité ».

Tu ne peux pas voir la force de gravité, mais elle attire les objets – et toi aussi – vers la Terre. C'est pourquoi les choses tombent quand tu les échappes.

C'est lourd!

Il faut de la force pour vaincre la gravité et soulever des objets. Est-ce qu'il en faut plus pour soulever des objets plus lourds?

Ce qu'il te faut :

- un petit clou
- un petit contenant de plastique vide
- trois bouts de ficelle de 15 cm chacun
- un élastique
- des billes ou des cailloux
- une règle

Ce qu'il faut faire :

1 Demande à un adulte de faire, avec le clou, trois trous également espacés autour du contenant.

2 Enfile un bout de ficelle dans chaque trou et fais un nœud pour l'empêcher de ressortir.

3 Attache les trois bouts de ficelle ensemble. Glisse l'élastique sous le noeud, comme sur l'illustration.

4 Place le contenant par terre et déposes-y une bille. Tiens l'élastique par un bout et tire jusqu'à ce que le contenant se soulève du sol. Mesure la longueur de l'élastique.

5 Ajoute cinq billes et répète l'étape 4. La longueur de l'élastique change-t-elle quand il y a plus d'objets dans le contenant?

Qu'est-ce qui se passe?

La force de gravité tire le contenant vers le bas. Tu dois tirer vers le haut pour vaincre la gravité et le soulever. Comme il est plus lourd quand il y a des billes dedans, il faut exercer plus de force (tirer plus fort) pour le soulever.

Plus tu appliques de force pour soulever le contenant, plus l'élastique s'étire.

Au ralenti

Pour faire avancer ta bicyclette, tu pousses sur les pédales. Quand tu arrêtes de pousser, la bicyclette ralentit et s'arrête. Pourquoi?

Les pneus de la bicyclette frottent sur la route. Quand deux surfaces frottent l'une contre l'autre, il se crée une force appelée « friction ».

La friction ralentit, puis arrête le mouvement des objets. Elle t'aide aussi à ne pas déraper quand tu marches ou que tu cours.

S'il n'y avait pas de friction entre mes pieds et le sol, je glisserais de tous les côtés.

Ça glisse!

Il se produit de la friction quand des objets frottent
l'un contre l'autre. Mais la friction est-elle toujours pareille?
À toi de le découvrir.

Ce qu'il te faut :

- une planche lisse
- une gomme à effacer
- un petit caillou
- un petit cube de bois
- un cube de glace

Ce qu'il faut faire :

1 Place la planche sur une table. Aligne la gomme à effacer, le caillou, le cube de bois et le cube de glace à un bout.

2 Soulève doucement la planche jusqu'à ce qu'un des objets se mette à glisser. Soulève-la encore un peu plus et vois à quelle vitesse chaque objet glisse. Est-ce que certains vont plus vite que d'autres? Pourquoi, à ton avis?

3 Répète l'expérience avec d'autres petits objets. Lequel glisse le mieux?

Qu'est-ce qui se passe?

La friction varie selon les matières. C'est avec la gomme à effacer qu'il y a le plus de friction et avec le cube de glace qu'il y en a le moins.

Il n'y a pas beaucoup de friction entre ma carapace lisse et la neige.

Force et mouvement

On exerce une force quand on pousse ou qu'on tire un objet pour le mettre en mouvement ou le faire changer de direction.

Une force peut mettre un objet en mouvement.

Une force peut arrêter le mouvement d'un objet.

Une force peut changer la direction d'un objet déjà en mouvement.

Pour les parents et les enseignants

L'information et les activités contenues dans ce livre visent à expliquer aux enfants les notions de force et de mouvement. Voici quelques idées pour pousser plus loin cette exploration.

Je tire, tu pousses pages 4 et 5
Les objets bougent quand on les pousse ou qu'on les tire. En promenade ou au terrain de jeux, demandez aux enfants si, en faisant tel ou tel geste, ils tirent ou ils poussent. Expliquez-leur que, lorsqu'ils marchent, courent ou sautent, ils poussent contre le sol.

En mouvement pages 6 et 7
Beaucoup de verbes décrivent le mouvement : pousser, tirer, soulever, tourner et sauter, entre autres. Faites jouer de la musique et inventez une danse composée d'une variété de mouvements. Invitez les enfants à dire si, en faisant tel ou tel mouvement, ils tiraient ou ils poussaient.

Pousse fort! pages 8 et 9
Plus un objet est lourd, plus il faut appliquer de force (de poussée ou de traction) pour le déplacer. Répétez l'expérience avec d'autres objets et demandez aux enfants de prédire combien de force (un peu ou beaucoup, un peu plus ou un peu moins) il faudra pour les faire bouger.

Ça bouge pages 10 et 11
Le mouvement se crée quand une force se transmet d'un objet à un autre. Par exemple, quand un enfant pousse une petite voiture, il transforme la force de ses muscles en force de poussée sur la voiture.

Plus loin! pages 12 et 13
La distance sur laquelle un objet se déplace dépend de la force exercée sur lui. Plus cette force est grande, plus l'objet va loin. Illustrez cette notion en demandant aux enfants d'appliquer une force plus ou moins grande pour lancer un ballon ou pousser une petite voiture. Mesurez ou notez chaque fois la distance que parcourt le ballon ou la voiture.

Plus vite! pages 14 et 15
La force exercée sur un objet influe aussi sur la vitesse à laquelle il se déplacera. Plus cette force est grande, plus l'objet va vite. Dans un grand espace, invitez les enfants à faire rouler un ballon sur une distance donnée. Demandez-leur d'abord de le faire rouler lentement pour voir combien de temps il prendra pour parcourir cette distance. Faites-leur ensuite appliquer plus de force et comparez les résultats.

En ligne droite? pages 16 et 17
Les objets se déplacent généralement en ligne droite, à moins qu'on exerce une nouvelle force sur eux. Ils changent de direction si on les pousse ou qu'on les tire de côté. Pendant un match de soccer ou de hockey, le ballon et la rondelle changent constamment de direction en raison des forces successives exercées sur eux. Pour approfondir cette notion, demandez aux enfants de donner un coup de pied sur un ballon en train de rouler.

On arrête tout! pages 18 et 19

Les objets cessent de bouger dans leur direction initiale quand ils sont poussés ou tirés dans la direction opposée. Les enfants peuvent jouer au ballon pour approfondir cette notion. Demandez-leur s'ils ont déjà reçu ou attrapé un ballon ou une rondelle qui se déplaçait rapidement. Si oui, ils savent combien cela peut faire mal. Le ballon ou la rondelle exerce une force sur leur corps. Et, plus un objet va vite, plus il faut de force pour l'arrêter.

De haut en bas pages 20 et 21

La gravité est une force qui tire les objets. La gravité de la Terre attire les objets vers le bas. Pour approfondir cette notion, demandez aux enfants de prédire ce qui va se passer si vous lancez dans les airs des objets plus ou moins lourds, par exemple une chaussure, une feuille de papier froissée ou une pièce de monnaie.

C'est lourd! pages 22 et 23

Plus un objet est lourd, plus il faut de force pour lutter contre la gravité et le soulever. Dans cette activité, l'élastique sert à mesurer la gravité. Demandez aux enfants de comparer ce qui se passe lorsqu'ils soulèvent un seau vide ou un seau rempli de cailloux ou de billes. Lequel exigera le plus de force?

Au ralenti pages 24 et 25

La friction résulte du frottement de deux objets l'un contre l'autre. Bien qu'elle ralentisse le mouvement, c'est une force importante. Il faut une certaine friction pour éviter que les objets glissent sur une surface. Demandez aux enfants d'examiner différentes surfaces, par exemple sur des chaussures de course, un traîneau, des pneus de bicyclette et des plaques à biscuits. Pourquoi, à leur avis, ces objets ont-ils une surface lisse ou une surface rugueuse?

Ça glisse! pages 26 et 27

La friction varie selon les matières. Essayez de traîner des objets identiques sur des surfaces différentes, par exemple un tapis, un trottoir ou des tuiles. Servez-vous d'un élastique pour comparer le degré de friction entre ces différentes surfaces.

Force et mouvement pages 28 et 29

Les grands principes de la force et du mouvement sont résumés sur ces deux pages.

Mots à retenir

force : le fait de tirer ou de pousser

friction : la force qui résulte du frottement de deux objets l'un contre l'autre

gravité : la force qui attire les objets vers la Terre

Index